JN096888

選 択 問 題

単語確認

① …出身の（f　　　　　）　　② 日本（　　　　　　　）　　③ 友達（　　　　　　　　）

④ 英語（　　　　　　）　　⑤ 先生（　　　　　　　）　　⑥ 名前（　　　　　　　　）

⑦ そのとき（t　　　　　）　　⑧ 部屋（　　　　　　　）　　⑨ 昨日(は)（　　　　　　　）

⑩ 公園（　　　　　　）　　⑪ 幸せな（　　　　　　　）　　⑫ 博物館（　　　　　　　）

次の各文の（　　）内から最も適切な語を選びなさい。

1　　(is, am, are の肯定文)

（1）I (am,　is,　are) from Japan.

（2）You (am,　is,　are) my friend.

（3）She (am,　is,　are) my English teacher.

（4）Peter and I (am,　is,　are) good friends.

（5）My cat's name (am,　is,　are) Koro.

(1)
(2)
(3)
(4)
(5)

2　　(was, were の肯定文)

（1）I (am,　was,　were) in Canada then.

（2）You (are,　was,　were) in the room yesterday.

（3）Kumi (is,　was,　were) in the park then.

（4）We (are,　was,　were) happy yesterday.

（5）Jane and Ken (are,　was,　were) at the museum yesterday.

(1)
(2)
(3)
(4)
(5)

単語確認

① くもった (　　　　　　　)　② 今日(は) (　　　　　　　)　③ ノート (　　　　　　　)

④ 姉、妹、姉妹 (　　　　　　)　⑤ 冷たい、寒い (　　　　　)　⑥ 本 (　　　　　　)

⑦ 先週 (　　　　　　)　⑧ 公園 (　　　　　　)　⑨ 日曜日 (　　　　　　)

⑩ 部屋 (　　　　　)　⑪ 昨夜 (　　　　　　　)

3　(is, am, are の疑問文)

（1）（ Am,　Is,　Are ）you from New York ?

（2）（ Am,　Is,　Are ）they friends ?

（3）（ Am,　Is,　Are ）it cloudy today ?

（4）（ Am,　Is,　Are ）that a notebook ?

（5）（ Am,　Is,　Are ）Saki and you sisters ?

(1)
(2)
(3)
(4)
(5)

4　(was, were の疑問文)

（1）（ Was,　Were ）it cold yesterday ?

（2）（ Was,　Were ）this book 500 yen last week ?

（3）（ Was,　Were ）you in Hokkaido yesterday ?

（4）（ Was,　Were ）Alex and Kota in the park last Sunday ?

（5）（ Was,　Were ）she in her room last night ?

(1)
(2)
(3)
(4)
(5)

単語確認

① 先生 (　　　　　　) 　② テーブル (　　　　　　) 　③ 兄、弟、兄弟 (　　　　　　)

④ 学校 (　　　　　　) 　⑤ 動物園 (　　　　　　) 　⑥ 熱い、暑い (　　　　　　)

⑦ 今朝 (t 　　　　　) 　⑧ これらの (t 　　　　　) 　⑨ (暦の)月 (m 　　　　　)

5 　　(is, am, are の否定文)

（1）I (am not,　is not,　are not) his sister.

（2）He (am not,　is not,　are not) my teacher.

（3）This (am not,　is not,　are not) my table.

（4）They (am not,　is not,　are not) friends.

（5）Alex and Kota (am not,　is not,　are not) brothers.

(1)
(2)
(3)
(4)
(5)

6 　　(was, were の否定文)

（1）I (was not,　were not) at school yesterday.

（2）Erika and Saki (was not,　were not) at the zoo yesterday.

（3）It (wasn't,　weren't) hot this morning.

（4）They (wasn't,　weren't) 500 yen yesterday.

（5）Were these pens 100 yen last month ?

　　　No, they (wasn't,　weren't).

(1)
(2)
(3)
(4)
(5)

単語確認

① 行く （　　　　　　　）　　② サッカー（　　　　　　　　）　　③ 毎… (e　　　　　　　　)

④ ギター （　　　　　　）　　⑤ [数えられる名詞の複数形につけて]たくさんの、多くの (m　　　　　　)

⑥ バッグ （　　　　　）　　⑦ 数学 （　　　　　　　）　　⑧ …のあとに(で) (a　　　　　　)

⑨ しばしば、よく (o　　　　)　　⑩ 野球 （　　　　　　）　　⑪ 先週 (l　　　　　　　　)

⑫ 時間 （　　　　　）　　⑬ 起きる、起床する （　　　　　　　　　）

---

7 （一般動詞の肯定文・現在）

（1） I (go,　goes) to soccer school every Sunday.

（2） He (play,　plays) the guitar.

（3） She (have,　has) many bags.

（4） Tomoko (study,　studies) math after dinner.

（5） Bob and Tom often (play,　plays,　playing) baseball.

(1)	
(2)	
(3)	
(4)	
(5)	

---

8 （一般動詞の肯定文・過去）

（1） I (go,　went) to Kyoto last week.

（2） Tom (study,　studied) English last night.

（3） We (have,　has,　had) a good time yesterday.

（4） My mother (get,　gets,　got) up at seven last Sunday.

（5） I (see,　saw,　seen) his sister last month.

(1)	
(2)	
(3)	
(4)	
(5)	

単語確認

① …を(注意して)見る（w　　　　） ② 使う（u　　　　） ③ 来る（　　　　）

④ 早く（e　　　　） ⑤ …を作る（m　　　　） ⑥ …を買う（　　　　）

⑦ (…を)練習する（　　　　） ⑧ ピアノ（　　　　） ⑨ 住む（　　　　）

⑩ Australia（　　　　） ⑪ (…を)書く（w　　　） ⑫ 手紙（　　　　）

⑬ 旅行する（　　　　） ⑭ 夕食（　　　　）

---

9 （一般動詞の肯定文・過去）

（1）I (watch,　watched) TV yesterday.

（2）He (use,　uses,　used) the room yesterday.

（3）She (come,　comes,　came) to school early this morning.

（4）They (make,　makes,　made) this table yesterday.

（5）I (buy,　buys,　bought) this book last week.

(1)
(2)
(3)
(4)
(5)

---

10 （一般動詞の疑問文・現在）

（1）(Do,　Does) you practice the piano every day ?

（2）(Do,　Does) he live in Australia ?

（3）Does she (write,　writes,　wrote) letters ?

（4）(Do,　Does) Mike travel every year ?

（5）(Do,　Does) Ben and you watch TV after dinner ?

(1)
(2)
(3)
(4)
(5)

単語確認

① ボール（　　　　　）　　② …がほしい（　　　　　）　　③ 勉強する（　　　　　）

④ …の前に(の)（ b　　　　　）⑤ 7（　　　　　）　　⑥ …に[を]のぼる（　　　　　）

⑦ 山（　　　　　）　　⑧ 兄、弟、兄弟（　　　　　）　　⑨ 朝食（　　　　　）

⑩ 来る（　　　　　）　　⑪ すばらしい（ g　　　　　）　　⑫ 時間（　　　　　）

11　（一般動詞の否定文・現在）

（1）Ken doesn't（want,　wants,　wanted）this ball.

（2）He（don't,　doesn't）study before dinner.

（3）She and Emi（don't,　doesn't）play the piano.

（4）We（don't,　doesn't）play baseball.

（5）Does Saki study English？　No, she（does,　doesn't）.

(1)
(2)
(3)
(4)
(5)

12　（一般動詞の否定文、疑問文・過去）

（1）I（don't,　doesn't,　didn't）get up at seven yesterday.

（2）She（don't,　doesn't,　didn't）climb the mountain last year.

（3）My brother didn't（have,　has,　had）breakfast yesterday.

（4）Did Mr. Tanaka（come,　comes,　came）to school？

（5）（Do,　Does,　Did）you have a great time yesterday？

(1)
(2)
(3)
(4)
(5)

単語確認

① リンゴ （　　　　　　）　② バッグ （　　　　　　）　③ …を食べる（ h　　　　）

④ トースト（　　　　　　）　⑤ ミルク （　　　　　　）　⑥ 女の子 （　　　　　　）

⑦ 教科（ s　　　　　）　⑧ サッカー（　　　　　　）　⑨ テニス （　　　　　　）

⑩ 本 （　　　　　　）　⑪ …の下に[で]（ u　　　　）　⑫ 机 （　　　　　　）

13　（疑問詞を使った疑問文①）

（1）How many (apple,　apples) do you have ?

（2）(How,　What,　Which) much is this bag ?

（3）(How,　What,　Which) is this ?　It is a lemon.

（4）(How,　What,　When) do you have for breakfast ?
　　　I have toast and milk.

（5）(Who,　What,　Which) is this girl ?
　　　She is my sister.

(1)
(2)
(3)
(4)
(5)

14　（疑問詞を使った疑問文②）

（1）(When,　What,　Which) time is it in Japan ?

（2）(When,　What,　Where) subject does he study ?

（3）(When,　What,　How) old is he ?

（4）(When,　What,　Which) do you play, soccer or tennis ?

（5）(What,　Where,　Which) is my book ?　It's under the desk.

(1)
(2)
(3)
(4)
(5)

単語確認

① (…を)知っている (k   )　② …について (a   )　③ だれのもの (w   )

④ ペン (   )　⑤ どこに[で、へ] (w   )　⑥ アメリカ (   )

⑦ …の近くに (   )　⑧ 駅 (   )　⑨ 少数の、いくらかの (a   )

⑩ 辞書 (   )

15　　(代名詞①)

(1) Do you know (he,　his,　him) ?

(2) We know about (she,　her,　hers).

(3) Whose pen is this ?　It's (my,　me,　mine).

(4) Is that bag (you,　your,　yours) ?

(5) Where are (I,　my,　mine) notebooks ?

(1)	
(2)	
(3)	
(4)	
(5)	

16　　(代名詞②)

(1) Where are Tom and Ken ?　(She,　He,　They) are in America.

(2) Whose guitar is that ?　It's (Jane,　Jane's).

(3) (We,　Our,　Ours) school is near Midori Station.

(4) (I,　We,　He) has a few books.

(5) Where is your dictionary ?　(It,　Its,　They) is in the bag.

(1)	
(2)	
(3)	
(4)	
(5)	

合格・英語

単語確認

① …を飲む（　　　　　）　② 水（　　　　　　）　③ 今（　　　　　）　④ 泳ぐ（　　　　　）

⑤ 話す（ t　　　　　）　　⑥ …について（ a　　　　）　　⑦ 絵、写真（　　　　　　）

⑧ go「行く」の過去形（　　　　）⑨ 図書館（　　　　　　）⑩ 競技者、選手（ p　　　　）

⑪ …を楽しむ（ e　　　　）　⑫ (…を)読む（　　　　　）　⑬ 聞く（ l　　　　　）

⑭ 音楽（　　　　　）　⑮ …を終える（　　　　　　）　⑯ おもしろい、楽しい（ f　　　）

---

17 （進行形）

(1) He is (drink,　drinks,　drinking) water now.

(2) I (am,　is,　are) studying English now.

(3) They are (swim,　swims,　swimming).

(4) What are you (do,　does,　doing)?

(5) We are not (talk,　talks,　talking) about the picture.

(1)
(2)
(3)
(4)
(5)

18 （ to＋動詞の原形、動詞 ing ）

(1) She went to the library (to read,　reading) books.

(2) I want (to be,　being) a soccer player.

(3) I enjoyed (to listen,　listening) to music.

(4) Mike finished (to read,　reading) the book.

(5) (Play,　Playing) soccer is fun.

(1)
(2)
(3)
(4)
(5)

単語確認

① すばらしい (w　　　　　　) 　② 注意深い (c　　　　　　) 　③ 心配する (w　　　　　　)

④ …について (　　　　　　) 　⑤ (人・場所)を訪ねる (　　　　　　)

⑥ …を手伝う、助ける (　　　　　　) 　⑦ 冷たい、寒い (　　　　　　) 　⑧ 明日(は) (　　　　　　)

⑨ …しなければならない (h　　　　　　) 　⑩ (ある言語を)話す (s　　　　　　)

⑪ …を見せる、示す (s　　　　) 　⑫ いくつかの (s　　　　)

19　　(感嘆文、命令文)

(1) (What,　How) wonderful !

(2) (How,　What) a nice song !

(3) (Are,　Be) careful.

(4) (Aren't,　Don't) worry about it.

(5) (Let's,　Let) go to the park.

(1)	
(2)	
(3)	
(4)	
(5)	

20　　(have to, will など)

(1) I am (go,　going) to visit Australia.

(2) She (have,　has) to help her mother.

(3) It will (is,　be) cold tomorrow.

(4) He doesn't (have to,　has to) speak English.

(5) I will (show,　to show) some pictures.

(1)	
(2)	
(3)	
(4)	
(5)	

単語確認

① 広い、大きい (l   )   ② 映画 (   )   ③ 人気のある (   )

④ …よりも (   )   ⑤ 小さい (s   )   ⑥ 速く(速い) (f   )

⑦ …を愛している (   )   ⑧ みなさん (   )   ⑨ これらの (   )

⑩ 祭り (f   )   ⑪ …を開く (h   )   ⑫ …を建てる (   )

---

21 (比較の文)

(1) The dolphin is (large, larger, largest) than the tuna.

(2) This movie is (most, more) popular than that one.

(3) This cat is the (small, smaller, smallest) of the four.

(4) He is the (more, most) famous soccer player in Japan.

(5) She swims as (fast, faster, fastest) as Yuji.

| (1) |
| (2) |
| (3) |
| (4) |
| (5) |

---

22 (受け身の文)

(1) These guitars are (make, made, making) in Japan.

(2) The song is (love, loved, to love) by everyone.

(3) These books were not (write, wrote, written) by Soseki.

(4) The festival is (held, hold) every year.

(5) When was that school (build, built) ?

| (1) |
| (2) |
| (3) |
| (4) |
| (5) |

合格・英語

① ちょうど、まさに（　　　　　　　　　） ② …を読む（　　　　　　　　） ③ Eメール（　　　　　　　　）

④ [否定文で]まだ（　　　　　） ⑤ 今までに一度も…しない（　　　　　　） ⑥ three times（　　　　　）

⑦ 今まで、かつて（　　　　　　　） ⑧ …を聞く、…が聞こえる（ h　　　　　） ⑨ 忙しい（　　　　　　）

⑩ know「…を知っている、わかる」の過去分詞（　　　　　　　） ⑪ 先月（　　　　　　）

⑫ …(して)以来（ s　　　　　） ⑬ …の間（ f　　　　） ⑭ 分（　　　　　　　）

23　　（現在完了の文①　〜したところだ、〜したことがある）

（1）I have just (write,　wrote,　written) the letter.

（2）I haven't read your e-mail (yet,　now,　then).

（3）I have (ever,　yet,　never) been to New York.

（4）I have (being,　be,　been) to Kyoto three times.

（5）Have you ever (hear,　heard,　hearing) of them?

(1)
(2)
(3)
(4)
(5)

24　　（現在完了の文②　ずっと〜している、ずっと〜し続けている）

（1）I have been busy (for,　from,　since) five days.

（2）How (much,　long,　old) have you been in Japan?

（3）I have known her (since,　for,　from) last month.

（4）I have been (read,　reading) this book since this morning.

（5）She has been (playing,　played,　play) the piano for 30 minutes.

(1)
(2)
(3)
(4)
(5)

単語確認

① …を使う（　　　　　）　　② コンピュータ（　　　　　　　）　　③ 人々（　　　　　　）

④ 幸せな（　　　　　）　　⑤ …に答える（ a　　　　　）　　⑥ 質問（ q　　　　　）

⑦ 雨の（　　　　　）　　⑧ …だと思う（　　　　　　）　　⑨ おもしろい（ i　　　　　）

⑩ うれしい（ g　　　　　）　　⑪ hear「…が聞こえる、…を聞く」の過去形（ h　　　　　）

⑫ ニュース（　　　　　）

25　(間接疑問文、使役の形)

（1）I don't know (how,　how to,　how much) use the computer.

（2）She (wants,　makes,　has) people happy.

（3）(Let's,　Let) me answer your question.

（4）I want you (reading,　to read) the book.

（5）I will (help,　want) you study English.

(1)
(2)
(3)
(4)
(5)

26　(接続詞)

（1）I will not go out (but,　and,　if) it is rainy tomorrow.

（2）I think (that,　and,　because) baseball is interesting.

（3）I was glad (if,　how,　when) I heard the news.

（4）Which do you speak, English (and,　or) Japanese ?

（5）I don't like math, (but,　or,　when) I like English.

(1)
(2)
(3)
(4)
(5)

単語確認

① 男の子 (　　　　　　) 　② …のそばに (　　　　　　) 　③ 車 (　　　　　)

④ 言語、言葉 (l　　　　　　) 　　⑤ 家、住宅 (　　　　　　)

⑥ (今から)…前に (a　　　　) 　⑦ 茶、紅茶 (　　　　　) 　⑧ (…に)会う (m　　　　　)

⑨ write「(…を)書く」の過去形 (　　　　　　) 　⑩ 親切な (　　　　　　)

⑪ 難しい (　　　　　　) 　⑫ 読む (　　　　　)

27 　(現在分詞、過去分詞、重要表現①)

(1) The boy (stand,　stood,　standing) by the car is John.

(2) Who is that girl (sing,　sung,　singing) a song ?

(3) The language (use,　using,　used) in America is English.

(4) That is a house (building,　build,　built) 100 years ago.

(5) This tea is (so,　too) hot to drink.

(1)	
(2)	
(3)	
(4)	
(5)	

28 　(関係代名詞、重要表現②)

(1) This is a movie (who,　whose,　which) is popular in Japan.

(2) I have a friend (who,　which,　how) wants to meet you.

(3) This is a book (when,　that,　who) she wrote last year.

(4) She is (so,　too) kind that we like her.

(5) It is difficult for me (read,　to read,　reading) this book.

(1)	
(2)	
(3)	
(4)	
(5)	

1 ____にあてはまる英単語を書きなさい。ただし、頭文字は与えてあります。

（1）私は電車で学校へ行きます。

I go to school b_____ train.

（2）水曜日は火曜日と木曜日の間です。

Wednesday comes between Tuesday and T_____.

（3）1年の最初の月は1月です。

The first month of the year is J_____.

（4）これは私の弟の自転車です。

This is my b_____ bike.

（5）これらは京都の写真です。

T_____ are pictures of Kyoto.

（1）	
（2）	
（3）	
（4）	
（5）	

2

（1）マイクは柔道部の一員です。

Mike is a m_____ of the judo club.

（2）ジェーンはカナダ出身です。

Jane is f_____ Canada.

（3）あなたはえんぴつを何本か持っていますか。

Do you have any p_____?

（4）英語は難しくありません。

English is not d_____.

（5）私は、ふつうは姉とテニスをします。

I u_____ play tennis with my sister.

（1）	
（2）	
（3）	
（4）	
（5）	

3

（1）図書館を左に曲がってください。

Turn l_____ at the library.

（2）交通信号で右に曲がってください。

Turn r_____ at the traffic light.

（3）私は7時に起きます。

I get up a_____ seven.

（4）彼女は毎日音楽を聞きます。

She l_____ to music every day.

（5）ヒロはじょうずにピアノをひくことができます。

Hiro c_____ play the piano well.

（1）	
（2）	
（3）	
（4）	
（5）	

4

（1）これは何ですか。

W_____ is this ?

（2）あなたはいつピアノを練習しますか。

W_____ do you practice the piano ?

（3）どこへ行っているのですか。

W_____ are you going ?

（4）あなたはオレンジとリンゴのどちらが好きですか。

W_____ do you like better, an orange or an apple ?

（5）あれはだれの本ですか。

W_____ book is that ?

（1）	
（2）	
（3）	
（4）	
（5）	

5

（1）この本はいくらですか。

How m_____ is this book ?

（2）なぜあなたは泣いているのですか。

W_____ are you crying ?

（3）私は公園を訪れるつもりです。

I will v_____ the park.

（4）昼食の前に手を洗いなさい。

Wash your hands b_____ lunch.

（5）カナダは冬の間とても寒いです。

Canada is very cold d_____ winter.

（1）	
（2）	
（3）	
（4）	
（5）	

6

（1）公園に何人の人がいますか。

How m_____ people are there in the park ?

（2）土曜日に買い物に行きましょう。

Let's go shopping o_____ Saturday ?

（3）彼は車のそばに立っています。

He is standing b_____ the car.

（4）私は昨日、彼女と話しました。

I talked with her y_____.

（5）12 月は寒いです。

It is cold in D_____.

（1）	
（2）	
（3）	
（4）	
（5）	

7

（1）私はリンゴが4個ほしいです。

I w＿＿＿＿＿ four apples.

（2）私はあなたの助けが必要です。

I n＿＿＿＿＿ your help.

（3）テーブルの下を見なさい。

Look u＿＿＿＿＿ the table.

（4）このカップは私のものです。

This cup is m＿＿＿＿＿.

（5）彼らは駅で会う予定です。

They are going to m＿＿＿＿＿ at the station.

（1）	
（2）	
（3）	
（4）	
（5）	

8

（1）このえんぴつはあなたのものですか。

Is this pencil y＿＿＿＿＿ ?

（2）その2軒の家の間に公園があります。

There is a park b＿＿＿＿＿ the two houses.

（3）彼女は毎朝公園のまわりを走ります。

She runs a＿＿＿＿＿ the park every morning.

（4）私はみどり駅をさがしています。

I'm looking f＿＿＿＿＿ Midori Station.

（5）私はそのとき、ジムで走っていました。

I was running in the gym t＿＿＿＿＿.

（1）	
（2）	
（3）	
（4）	
（5）	

9

（1）私は昨夜数学を勉強しました。

I s＿＿＿＿＿＿ math last night.

（2）アレックスは昨日 7 時に起きました。

Alex g＿＿＿＿＿＿ up at seven yesterday.

（3）海辺まで 3 時間かかりました。

It t＿＿＿＿＿＿ three hours to the beach.

（4）私は図書館でその本を見つけました。

I f＿＿＿＿＿＿ the book at the library.

（5）彼女は先月京都へ行きました。

She w＿＿＿＿＿＿ to Kyoto last month.

（1）	
（2）	
（3）	
（4）	
（5）	

10

（1）彼らは公園で 2 時間過ごしました。

They s＿＿＿＿＿＿ two hours in the park.

（2）私の友達はバスで熊本へ来ました。

My friend c＿＿＿＿＿＿ to Kumamoto by bus.

（3）彼女は友達を待っていました。

She was w＿＿＿＿＿＿ for her friend.

（4）私は 3 日間京都に滞在しました。

I s＿＿＿＿＿＿ in Kyoto for three days.

（5）あなたは幸せそうに見えました。

You l＿＿＿＿＿＿ happy.

（1）	
（2）	
（3）	
（4）	
（5）	

11

（1）私は本を3冊買いました。

I b_____ three books.

（2）彼らは昨日よい時を過ごしました。

They h_____ a good time yesterday.

（3）私は彼女にノートをあげました。

I g_____ a notebook to her.

（4）私はどうやるのかわかりませんでした。

I didn't k_____ how.

（5）私は明日あなたに何枚かの写真を見せるつもりです。

I will s_____ you some pictures tomorrow.

（1）	
（2）	
（3）	
（4）	
（5）	

12

（1）彼女は宿題をしなければなりません。

She has to do her h_____.

（2）気を付けなさい。

Be c_____.

（3）あなたはお母さんに親切にしなければなりません。

You must be k_____ to your mother.

（4）私たちは何もすることがありませんでした。

We had n_____ to do.

（5）あなたは病院へ行くべきです。

You s_____ go to hospital.

（1）	
（2）	
（3）	
（4）	
（5）	

13

（1）今日は暖かいです。

It is w _____ today.

（2）明日は晴れるでしょう。

It will be s _____ tomorrow.

（3）明日は雨でしょう。

It will be r _____ tomorrow.

（4）昨日はくもりではありませんでした。

It was not c _____ yesterday.

（5）今日は少し寒いです。

It is a little c _____ today.

（1）	
（2）	
（3）	
（4）	
（5）	

14

（1）彼らは私の子供たちです。

They are my c _____ .

（2）あなたは疲れていますか。

Are you t _____ ?

（3）暑かったので、私は窓をあけました。

I opened the window b _____ it was hot.

（4）私はひまなとき、本を読みます。

W _____ I am free, I read books.

（5）もしひまなら、私を手伝ってください。

Please help me i _____ you are free.

（1）	
（2）	
（3）	
（4）	
（5）	

15

（1）どのバスが南駅へ行きますか。

W＿＿＿＿＿＿ bus goes to Minami Station ?

（2）時間はどれくらいかかりますか。

H＿＿＿＿＿＿ long does it take ?

（3）私はこの本はおもしろいと思います。

I t＿＿＿＿＿＿ that this book is interesting.

（4）机の上に３台のコンピュータがあります。

T＿＿＿＿＿＿ are three computers on the desk.

（5）彼らはどのくらいの頻度でそこへ行きますか。

How o＿＿＿＿＿＿ do they go there ?

（1）	
（2）	
（3）	
（4）	
（5）	

16

（1）東京は有名です。

Tokyo is f＿＿＿＿＿＿.

（2）サッカーをすることは楽しいです。

P＿＿＿＿＿＿ soccer is fun.

（3）私は音楽を聞くことを楽しみます。

I enjoy l＿＿＿＿＿＿ to music.

（4）彼女は歌うことが得意です。

She is good at s＿＿＿＿＿＿.

（5）私は部屋のそうじを終えました。

I f＿＿＿＿＿＿ cleaning the room.

（1）	
（2）	
（3）	
（4）	
（5）	

17

（1）彼らは野球をして楽しみました。

They e＿＿＿＿＿ playing baseball.

（2）彼女に電話するのを忘れないで。

Don't f＿＿＿＿＿ to call her.

（3）英語を勉強することは大切です。

Studying English is i＿＿＿＿＿.

（4）雨が降りやみました。

It s＿＿＿＿＿ raining.

（5）私は買い物に行きたいです。

I w＿＿＿＿＿ like to go shopping.

（1）	
（2）	
（3）	
（4）	
（5）	

18

（1）イルカはマグロよりも大きいです。

The dolphin is l＿＿＿＿＿ than the tuna.

（2）この映画は日本でいちばん人気があります。

This movie is the most p＿＿＿＿＿ in Japan.

（3）あなたのバッグは私のものよりよいです。

Your bag is b＿＿＿＿＿ than mine.

（4）家族はすべての中でもっとも重要です。

Family is the most important o＿＿＿＿＿ all.

（5）この花はあの花と同じくらい美しいです。

This flower is as b＿＿＿＿＿ as that one.

（1）	
（2）	
（3）	
（4）	
（5）	

19

（1）日本語はこの学校で勉強されます。

Japanese is s_____ at this school.

（2）これらの本は夏目漱石によって書かれました。

These books were w_____ by Natsume Soseki.

（3）あの図書館は 2000 年に建てられました。

That library was b_____ in 2000.

（4）この車は昨日洗われました。

This car was w_____ yesterday.

（5）この物語は私を悲しくさせました。

This story made me s_____.

（1）	
（2）	
（3）	
（4）	
（5）	

20

（1）その知らせは私たちを驚かせました。

The news made us s_____.

（2）私は 3 年間ずっと日本に住んでいます。

I have l_____ in Japan for three years.

（3）私は去年からずっとここに滞在しています。

I have stayed here s_____ last year.

（4）あなたの友達は 1 週間ずっと北海道にいます。

Your friend has b_____ in Hokkaido for a week.

（5）私はその本を一度も読んだことがありません。

I have n_____ read the book.

（1）	
（2）	
（3）	
（4）	
（5）	

書 き か え 問 題

単語確認

① …出身の、…から（　　　　　　　　） ② これらの（　　　　　　　） ③ ペン（　　　　　　　）

④ あれは（　　　　　　） ⑤ 私の（　　　　　　） ⑥ ギター（　　　　　　　）

1　　（　　）内の指示に従って書きかえなさい。

（1）You are Tanaka Satoru.　　（疑問文に）

（2）I'm from Okinawa.　　（否定文に）

（3）This is a pen.　　（This を These にかえて）

（4）He is from Canada.　　（He を They にかえて）

（5）That is my guitar.　　（下線部を1語にして）

25

合格・英語

単語確認

① …を好む（　　　　　　） ② 数学（　　　　　　　） ③ …を演奏する（　　　　　　　）

④ ピアノ（　　　　　　） ⑤ 住んでいる（　　　　　　） ⑥ …が必要である（　　　　　　）

⑦ （…に）～を教える（　　　　　　）

2　　（　　）内の指示に従って書きかえなさい。

（1）I like math.　　　　　　　　（否定文に）

（2）You play the piano.　　　　　（疑問文に）

（3）I live in America.　　　　　　（下線部を She にかえて）

（4）I don't need it.　　　　　　　（下線部を He にかえて）

（5）Mr.Tanaka teaches English.　　（疑問文に）

単語確認

① …を持っている (h　　　　　)　② 質問 (　　　　　)　③ レストラン (　　　　　)

④ …がほしい (　　　　　)　⑤ 新しい (　　　　　)　⑥ 衣服(　　　　　)

⑦ 5 (つの) (　　　　　)　⑧ 箱 (　　　　　)　⑨ テニス (　　　　　)

⑩ ときどき (　　　　　)

3　(　)内の指示に従って書きかえなさい。

（1） I have a question.　　　　　　（a を three にかえて）

（2） That is a restaurant.　　　　　（下線部をたずねる疑問文に）

（3） I want new clothes.　　　　　（下線部が答えの中心となる疑問文に）

（4） I have five boxes.　　　　　（下線部が答えの中心となる疑問文に）

（5） She plays tennis.　　　　　　（sometimes を入れて）

単語確認

① 祖母（　　　　　　　）　　② 私の（　　　　　　　）　　③ 友達（　　　　　　　）

④ カメラ（　　　　　　）　　⑤ テーブル（　　　　　　　）　⑥（…を）練習する（　　　　　　）

⑦ 生徒（　　　　　　　）

4　　（　　）内の指示に従って書きかえなさい。

（1）My grandmother is <u>seventy years old</u>.　（下線部をたずねる文に）

（2）Ken is <u>my friend</u>.　　　　　　　　　（下線部をたずねる文に）

（3）Her camera is <u>on that table</u>.　　　　（下線部をたずねる文に）

（4）You practice soccer.　　　　　　　（命令文に）

（5）You are a good student.　　　　　　（命令文に）

合格・英語

単語確認

① 消しゴム （　　　　　　　　　）　　② 働く （　　　　　　　　　）　　③ 熱心に （ h　　　　　　　）

④ 話す (ta　　　　　　　)　　⑤ …について （　　　　　　　　　）　　⑥ 歴史 （　　　　　　　　　）

⑦ …できる (c　　　　　　　)　　⑧ (…に)のぼる （　　　　　　　　　　　）

5　　（　　）内の指示に従って書きかえなさい。

（1）Do you have a eraser ?　　　　　　（下線部を any にかえて）

（2）He works hard.　　　　　　　　（now を加えて現在進行形の文に）

（3）You are playing the piano.　　　　（疑問文に）

（4）We are talking about history.　　　（否定文に）

（5）We can climb Mt. Fuji.　　　　　（疑問文に）

単語確認

① …を始める (s　　　　　　)　② 再び、また (　　　　　　)　③ …を見る (w　　　　　　)

④ 行く (　　　　　)　　　⑤ 学校 (　　　　　)　　　⑥ 来る (　　　　　)

⑦ 先週の日曜日 (l　　　　　　)　　　⑧ three years ago (　　　　　)

6　　(　)内の指示に従って書きかえなさい。

（1）She starts again.　　　　　（can を入れて）

（2）I watch TV.　　　　　（yesterday を加えて）

（3）Yuki goes to school.　　　　　（yesterday を加えて）

（4）He comes to my house.　　　　　（last Sunday を加えて）

（5）He writes a book.　　　　　（three years ago を加えて）

7　（　　）内の指示に従って書きかえなさい。

（1）I knew her.　　　　　　　　　　（否定文に）

（2）My brother had breakfast this morning.（否定文に）

（3）They lived in Japan.　　　　　　　（疑問文に）

（4）Your father spoke Japanese.　　　　　（疑問文に）

（5）I'm from Kumamoto.　　　　　　（下線部が答えの中心となる疑問文に）

単語確認

① 友達（　　　　　　　　）　　② これらの（　　　　　　　　）　　③ 先週（　　　　　　　　　　）

④ 寒い（　　　　　　　）　　⑤ at home（　　　　　　　）　　⑥ 土曜日（　　　　　　　　　）

⑦ take「（写真など）を撮る」の過去形（　　　　　　　　　）　　⑧ 写真・絵（　　　　　　　　）

8　　（　　）内の指示に従って書きかえなさい。

（1）Mike is my friend.　　　　　　　（過去形に）

（2）These pens were 300 yen last week.　　（否定文に）

（3）Was it cold yesterday ?　　　　　　（「はい、そうでした。」と答える文）

（4）Were you at home last Saturday ?　　（「いいえ、私たちはいませんでした。」と答える文）

（5）She took these pictures in Australia.　　（下線部をたずねる疑問文に）

単語確認

① …といっしょに (w　　　　　)　　② (…を) 食べる (e　　　　　　)

③ 夕食 (　　　　　　　)　　④ そのとき (t　　　　　)　　⑤ 待つ (　　　　　　　)

⑥ …を訪れる (　　　　　　　)

9　(　　) 内の指示に従って書きかえなさい。

（1）I played baseball with my brother.　　(過去進行形の文に)

（2）My sister was eating dinner then.　　(否定文に)

（3）You were waiting for Emi.　　(疑問文に)

（4）I visit America.　　　　(be going to 用いて未来を表す文に)

（5）They are going to play soccer.　　(疑問文に)

単語確認

① 出る、出発する (l　　　　　) ② …を持っていく (t　　　　) ③ 傘 (　　　　　　　)

④ …を作る(　　　　　　)　　　 ⑤ 昼食 (　　　　　　)　　　 ⑥ 多くの (m　　　　)

⑦ 人々 (　　　　　　)　　　 ⑧ …を学ぶ (l　　　　　)

10 （　 ）内の指示に従って書きかえなさい。

（1）I leave home at seven.　（have to を用いて「…しなければならない。」の文に）

（2）You take an umbrella with you.　（should を用いて「…すべきである。」の文に）

（3）I make lunch.　　　　　（will と tomorrow を用いて「…するつもりです。」の文に）

（4）Many people learn English.　（受け身の文に）

（5）Taro gave me these books.　（下線部を主語にして、受け身の文に）

11   (   ) 内の指示に従って書きかえなさい。

(1) She became a teacher four years ago and she is still a teacher. （ほぼ同じ内容の文に）

= She _____ been a teacher _____ four years.

(2) Has he played the piano for a long time ?   （Yes で答える文）

(3) He is in America.   （現在完了形を使い、「アメリカに行ったことがあります。」の文に）

(4) I am doing my homework.   （for two hours を文末につけて現在完了進行形に）

(5) We cleaned our classroom.   （just を用いて「ちょうど(今)…したところです。」の文に）

単語確認

① …を終える（　　　　　　　）　　② 宿題（　　　　　　　　）

③ (否定文で)まだ(…しない)（ y　　　　　）　　④ 聞く「hear」の過去分詞（　　　　　　　　　）

⑤ 難しい（　　　　　　　）　　⑥ 電車（　　　　　　　）

12　（　　）内の指示に従って書きかえなさい。

（1）I have finished my homework.　（yet を用いて「まだ…していません。」の文に）

（2）I have heard of them.　（never を用いて否定文に）

（3）You have been to Kyoto.　（ever を用いて疑問文に）

（4）To speak English is difficult for Ben.

　　= _____ is difficult _____ Ben _____ speak English.　（同じ意味の文に）

（5）That is a train.

　　That train goes to Kumamoto.　（which または that を用いて一つの文に）

英　作　文　問　題

単語確認

①しばしば、よく（　　　　　　　　）　　②…を買う（　　　　　　　）　③娘（d　　　　　　　　）

④中学校（　　　　　　　　　　）　⑤昨日（　　　　　　　）　⑥早く（　　　　　　）

⑦…を着ている（w　　　　　）　　⑧Tシャツ（　　　　　　　）

1　英単語を並べかえて、日本語の文に合う英文を書きなさい。

（1）私はしばしば本を買います。　　　　　　（ often, books, buy, I).

（2）私の娘は中学校に通っています。　　　　（ in, daughter, junior high school, my, is).

（3）私は昨日家にいました。　　　　　　　　（ at, I, yesterday, home, was).

（4）私は今朝早く学校に着きました。　　　　（ got, school, this morning, I, to, early).

（5）私は昨日そのTシャツを着ませんでした。（ yesterday, wear, didn't, I, the T-shirt).

単語確認

①…を借りる（　　　　　　）　②いつ（　　　　　　）　③辞書（　　　　　　）

④色、色彩（　　　　　）　⑤何（　　　　　）　⑥(ある言葉を)話す（s　　　　　）

⑦どちら（　　　　）　⑧浴室（b　　　　　）⑨どこに[で、へ]（　　　　　）

⑩傘（　　　　　）　⑪だれの（　　　　　）

2　英単語を並べかえて、日本語の文に合う英文を書きなさい。

（1）あなたはいつ彼の辞書を借りましたか。（borrow, you, when, his dictionary, did）?

（2）あなたは何色が好きですか。　　　　　（color, do, like, you, what）?

（3）彼は英語と日本語のどちらを話しますか。（does, speak, he, or, English, Japanese, which）?

（4）浴室はどこですか。　　　　　　　　（where, is, the bathroom）?

（5）あれはだれの傘ですか。　　　　　　（umbrella, is, that, whose）?

単語確認

①(…を)歩く（　　　　　　　）　②通り（　　　　　　　　）　③動物園（　　　　　　　　）

④…を切る（　　　　　　　）　⑤野菜（　　　　　　　　）　⑥そのとき（ t　　　　　　　）

⑦郵便局（　　　　　　　）　⑧…の近くに[で]（ n　　　　　）　⑨…の下に（　　　　　　　）

3　英単語を並べかえて、日本語の文に合う英文を書きなさい。

（1）彼らは今、通りを歩いています。　　　　（now, on the street, they, walking, are ）.

（2）私は東動物園をさがしています。　　　　（I, Higashi Zoo, am, looking, for ）.

（3）私はそのとき野菜を切っていました。　　（vegetables, was, then, cutting, I ）.

（4）私の家の近くに郵便局があります。　　　（is, a post office, near, my house, there ）.

（5）木の下に犬がいました。　　　　　　　　（a dog, there, the tree, was, under ）.

単語確認

①おどる（　　　　　　　　　）　　②じょうずに（　　　　　　　　）　　③…を買う（　　　　　　　　　）

④切手、チケット（　　　　　　　　）　　　⑤(〜に)…を[…だと]見せる、示す（　　　　　　　　）

⑥…しなければならない（ m　　　　　）　　⑦…をそうじする（　　　　　　　）

⑧教室（　　　　　　　　）

4　英単語を並べかえて、日本語の文に合う英文を書きなさい。

（1）彼はじょうずにおどることができません。　　（cannot, well, he, dance）.

（2）ジェーンはそのチケットを買う予定です。　　（going, Jane, to, is, the ticket, buy）.

（3）私たちは明日、あなたに写真を見せるつもりです。（we, tomorrow, a picture, will, show, you）.

（4）あなたは、教室をそうじしなければなりません。（must, classroom, your, you, clean）.

（5）テレビをつけてもいいですか。　　　　　　　（turn, I, on, the TV, may）?

①go「行く」の過去形（　　　　　　）　②川（　　　　　　）　③泳ぐ（　　　　　　）

④たくさんの（a　　　　　　）　　　⑤もの、こと（　　　　　　）

⑥やさしい、簡単な（　　　　　　）　⑦…になる（　　　　　　）

⑧未来、将来（　　　　　　）　　　⑨…すべきである（　　　　　　）

⑩病院（　　　　　　）

---

5 英単語を並べかえて、日本語の文に合う英文を書きなさい。

（1）私たちは泳ぐために川に行きました。　（went, the river, swim, to, we, to）.

（2）彼はするべきことがたくさんあります。（he, to, do, a lot of, has, things）.

（3）英語を話すことは簡単ではありません。（speak, to, English, not, easy, is）.

（4）私は将来、教師になりたいです。　　（a teacher, want, become, I, to, in the future）.

（5）あなたは病院へ行くべきです。　　（hospital, should, to, you, go）.

単語確認

① …だから、…なので（　　　　　　）　② 雨（　　　　　　）　③ もし…ならば（　　　　　）

④ 晴れた（　　　　　　）　　　　⑤ バスケットボール（　　　　　　　）

⑥ …だと思う（　　　　　）　　⑦ 建物、ビル（　　　　　　）　⑧ 古い（　　　　）

⑨ 確信して（　　　　　）　　⑩ …を手伝う、助ける（　　　　　　）

⑪ …するときに（　　　　　）　⑫ 忙しい（　　　　　　）

---

6 英単語を並べかえて、日本語の文に合う英文を書きなさい。

（1）雨が降っていたので、私は窓を閉めました。

（closed, it, because, was, the window, raining, I）.

（2）もし明日晴れならば、私たちはバスケットボールをするつもりです。

（ tomorrow, is, sunny, if, it, ）, we will play basketball.

（3）私はその建物は古いと思います。　　　（ the building, old, I, that, is, think ）.

（4）私は彼らが幸せになると確信しています。　（ am, that, will, sure, they, I, happy, be ）.

（5）あなたが忙しいときは、私が手伝います。　I（ you, busy, will, when, you, help, are ）.

42

合格・英語

①…が大好きである、…を愛している（　　　　　　　　　）　②人々（　　　　　　　　　）

③町（ t　　　　　　）　④ドア、戸（　　　　　　　　）　⑤祭り（　　　　　　　　　）

⑥hold「…を開く、行う」の過去分詞（　　　　　　　　　）　⑦(…を)洗う（ w　　　　　　　）

⑧車（　　　　　　　）　⑨…を終える（　　　　　　　　）　⑩…を(注意して)見る（　　　　　　　　）

⑪野球（　　　　　　　）　⑫たのしい（ f　　　　　　）

7　英単語を並べかえて、日本語の文に合う英文を書きなさい。

（1）その公園は町の人々に愛されています。（people, the town, loved, the park, in, is, by）.

（2）そのドアは開けられませんでした。　　（was, opened, not, the door）.

（3）祭りは来週、開かれるでしょう。　　　（the festival, next, be, held, will, week）.

（4）父は車を洗い終わりました。　　　　（washing, his, my father, car, finished）.

（5）野球を見ることは楽しいです。　　　（is, baseball, watching, fun）.

単語確認

①人々（　　　　　　　　　）　②…を手伝う、助ける（　　　　　　　　）　③幸せ（　　　　　　　　）

④宿題（　　　　　　　）　⑤プレゼント（　　　　　　　　）

8　英単語を並べかえて、日本語の文に合う英文を書きなさい。

（1）人々はそれをビッグベンと呼びます。　　　（it, Big Ben, call, people）.

（2）私は妹に手伝ってほしかったです。　　　（my sister, help, me, I, wanted, to）.

（3）私は人々を幸せにしたいです。　　　（make, I, people, want, happy, to）.

（4）私はあなたが宿題をするのを手伝います。　　（will, I, you, help, your homework, do）.

（5）私は彼にプレゼントをあげました。　　　（gave, a present, I, him）.

単語確認

①問題（　　　　　　　　）　　②重要だ、大切な（　　　　　　　　　　）　③自転車（　　　　　　　）

④彼女のもの（　　　　　　　）　⑤おもしろい、興味深い（ i　　　　　　　　）

⑥科目（　　　　　　）　　⑦全て（　　　　　　）

| 9 | 英単語を並べかえて、日本語の文に合う英文を書きなさい。 |

（1）この問題はあの問題よりも重要です。

（is, than, this problem, more, important, that one).

（2）私の自転車は彼女のものと同じくらい新しいです。　　（as, as, new, my bike, is, hers).

（3）もう少し小さいものをお見せしましょうか。　　（show, I, a smaller one, you, shall)?

（4）英語は私にとっていちばんおもしろい教科です。

English （ most, me, for, subject, is, interesting, the).

（5）このりんごはすべての中でいちばん大きいです。　　（all, the biggest, this, apple, of, is).

10　英単語を並べかえて、日本語の文に合う英文を書きなさい。

（1）私は子供の頃からテニスをしています。I（since, have, tennis, played, a child, was, I）.

（2）あなたはこれまでにアメリカへ行ったことがありますか。

（you, ever, been, America, to, have）?

（3）私は２時間ずっと勉強し続けています。（have, studying, I, been, for, hours, two）.

（4）私はコンピュータの使い方を学びました。（I, to, how, use, a computer, learned）.

（5）私たちにとって本を読むことは大切です。（is, read, important, for, it, us, to, books）.

①女性（　　　　　　）　②話す、しゃべる (t　　　　　)　③…の向こう側に (o　　　　　　　)

④buy「…を買う」の過去形（　　　　　　　）　⑤write「(…を)書く」の過去分詞（　　　　　　　　）

⑥食べ物（　　　　　）　⑦とてもおいしい (d　　　　　)　⑧美しい（　　　　　　　）

⑨親切な（　　　　）　⑩みんな（　　　　　　　）　⑪疲れた（　　　　　　　）

---

11 英単語を並べかえて、日本語の文に合う英文を書きなさい。

（1）向こうで話している女性を知っていますか。

(talking, do, over there, know, the woman, you)?

（2）私は英語で書かれた本を買いました。　(English, bought, written, I, a book, in).

（3）日本料理はおいしいだけでなく、美しいです。

(only, also, beautiful, but, Japanese food, not, delicious, is).

（4）彼女はとても親切なので、みんなが彼女を好きです。

(is, so, that, she, kind, everyone, her, likes).

（5）私は走るには疲れすぎていました。　(I, too, to, tired, run, was).

単語確認

①男性（　　　　　　）　　②旅行する（　　　　　　　　）　　③…のまわりを回って（　　　　　　　）

④世界（　　　　　　）　　　　　⑤Eメール（　　　　　　　）

⑥send「(〜に)…をおくる」の過去形（　　　　　　　）　　　⑦(…に)電話をかける（ c　　　　　）

⑧飛ぶ（ f　　　　）　　⑨…のような[に]（ l　　　　　　）　　⑩鳥（　　　　　　　）

12　英単語を並べかえて、日本語の文に合う英文を書きなさい。

（1）あれは熊本行きのバスです。　　　　　（ to, is, which, goes, Kumamoto, that, the bus).

（2）彼は世界中を旅する男性です。　　　　（ travels, he, who, the world, is, around, a man).

（3）これは私が先月彼に送ったEメールです。

（ sent, is, an e-mail, that, last month, this, I, him).

（4）もし私があなたなら、マイクに電話するでしょう。

If（ call, I, were, would, you, I, Mike).

（5）鳥のように飛ぶことができればいいのに。　　（ a bird, wish, I, fly, I, like, could).

解答は左のQRコードを読み取るか、下のURLからでも見ることができます。
https://tinyurl.com/ycxtncsa

P 1

単語確認①from ②Japan ③friend ④English ⑤teacher ⑥name ⑦then ⑧room
⑨yesterday ⑩park ⑪happy ⑫museum

1 （1）am （私は日本出身です。）

（2）are （あなたは私の友達です。）

（3）is （彼女は私の英語の先生です。）

（4）are （ピーターと私はよい友達です。）

（5）is （私のネコの名前はコロです。）

2 （1）was （私はそのときカナダにいました。）

（2）were （あなたは昨日その部屋にいました。）

（3）was （クミはそのとき公園にいました。）

（4）were （私たちは昨日幸せでした。）

（5）were （ジェーンとケンは昨日、博物館にいました。）

1
be動詞の意味は「…です」「（…に）いる」
「（…が）ある」

（2）主語がYouなのでare

（3）主語がSheなのでis

（4）主語が2人以上なのでare

2
（2）主語がYouなのでwere

（3）主語がKumiなのでwas

（4）（5）いずれも主語が2人以上なのでwere

＜be動詞の選び方＞

主語(…は)	現在の文	過去の文
I	am	was
you, we, they 2人、2つ以上	are	were
その他(he, she, it, this, that, 人名など)	is	was

P 2

単語確認①cloudy ②today ③notebook ④sister ⑤cold ⑥book ⑦last week ⑧park
⑨Sunday ⑩room ⑪last night

3 （1）Are （あなたはニューヨーク出身ですか。）

（2）Are （彼らは友達ですか。）

（3）Is （今日はくもりですか。）

（4）Is （あれはノートですか。）

（5）Are （サキとあなたは姉妹ですか。）

4 （1）Was （昨日は寒かったですか。）

（2）Was （この本は先週500円でしたか。）

（3）Were （あなたは昨日、北海道にいましたか。）

（4）Were （アレックスとコウタは先週の日曜日公園
　　　　　にいましたか。）

（5）Was （彼女は昨夜、彼女の部屋にいましたか。）

3
（1）主語がyouなのでAre you…?

（2）主語がtheyなのでAre they…?

（3）主語がitなのでIs it…?
　　※天気や時刻などを表すときの主語「it」は
　　　訳さなくてよい。
　　（例）It is cold today. (今日は寒いです。)

（5）主語が2人以上なのでAre Saki and you…?

4
（1）主語がitなのでWas it…?

（2）主語が単数(this book)なので、Was this book…?

（3）主語がyouなのでWere you…?

（4）主語が2人以上なのでWere Alex and Kota…?

（5）主語がsheなのでWas she…?

P 3

単語確認①teacher ②table ③brother ④school ⑤zoo ⑥hot ⑦this morning ⑧these ⑨month

5 （1）am not （私は彼の妹(姉)ではありません。）

（2）is not （彼は私の先生ではありません。）

（3）is not （これは私のテーブルではありません。）

（4）are not （彼らは友達ではありません。）

（5）are not （アレックスとコウタは兄弟ではありません。）

5
（1）主語がIなのでI am not

（2）主語がHeなのでHe is not

（3）主語がThisなのでThis is not

（4）主語がTheyなのでThey are not

（5）主語が2人以上なのでAlex and Kota are not

合格・英語解答

6　（1）was not （私は昨日学校にいませんでした。）

　　（2）were not （エリカとサキは昨日、動物園にいませんでした。）

　　（3）wasn't （今朝は暑くありませんでした。）

　　（4）weren't （それらは昨日 500 円ではありませんでした。）

　　（5）weren't （これらのペンは先月 100 円でしたか。いいえ、ちがいました。）

6
（1）主語が I なので I was not

（2）主語が 2 人以上なので Erika and Saki were not

（3）主語が It なので It wasn't　※was not＝wasn't

（4）主語が They なので They weren't

　　　　　　　　　　　　　　※were not＝weren't

P4

単語確認①go　②soccer　③every　④guitar　⑤many　⑥bag　⑦math　⑧after　⑨often

⑩baseball　⑪last week　⑫time　⑬get up

7　（1）go （私は毎週日曜日にサッカースクールへ行きます。）

　　（2）plays （彼はギターをひきます。）

　　（3）has （彼女はたくさんのバッグを持っています。）

　　（4）studies （トモコは夕食後に数学を勉強します。）

　　（5）play （ボブとトムはよく野球をします。）

8　（1）went （私は先週京都へ行きました。）

　　（2）studied （トムは昨夜英語を勉強しました。）

　　（3）had （私たちは昨日よい時を過ごしました。）

　　（4）got （私の母は先週の日曜日は 7 時に起きました。）

　　（5）saw （私は先月彼のお姉さん(妹)に会いました。）

7
＜三単現のルール＞
主語が He, She, It, Tomoko などの三人称単数で、現在のことを述べる文では動詞に s が付く。

（2）主語が He なので plays

（3）主語が She なので has

（4）主語が Tomoko なので studies

（5）主語が 2 人以上なので play

8
（1）go(行く)の過去形＝went

（2）study(勉強する)の過去形＝studied

（3）have(…を持っている)の過去形＝had

（4）get(…を得る)の過去形＝got

（5）see(…に会う、…を見る)の過去形＝saw

P5

単語確認①watch　②use　③come　④early　⑤make　⑥buy　⑦practice　⑧piano　⑨live

⑩オーストラリア　⑪write　⑫letter　⑬travel　⑭dinner

9　（1）watched （私は昨日テレビを見ました。）

　　（2）used （彼は昨日その部屋を使いました。）

　　（3）came （彼女は今朝早くに学校へ来ました。）

　　（4）made （彼らは昨日このテーブルを作りました。）

　　（5）bought （私は先週この本を買いました。）

10　（1）Do （あなたは毎日ピアノを練習しますか。）

　　（2）Does （彼はオーストラリアに住んでいますか。）

　　（3）write （彼女は手紙を書きますか。）

　　（4）Does （マイクは毎年旅行をしますか。）

　　（5）Do （ペンとあなたは夕食後にテレビを見ますか。）

9
（1）watch 「…を(注意して)見る」の過去形
　　　　＝watched

（2）use(…を使う)の過去形＝used

（3）come(来る)の過去形＝came

（4）make(…を作る)の過去形＝made

（5）buy(…を買う)の過去形＝bought

10
（1）主語が You なので Do you…？

（2）主語が He なので Does he…？

（3）動詞は原形を用いて Does she write…？

（4）主語が Mike なので Does Mike…？

（5）主語が 2 人以上なので Do Ben and you…？

＜Do，don't，Does，doesn't，Did，didn't の選び方＞

主語(～は)	現在		過去	
	疑問文	否定文	疑問文	否定文
I, you, we, they, 2 人, 2 つ以上	Do	don't	Did	didn't
その他(he, she, it, this, that など)	Does	doesn't	Did	didn't

※疑問文・否定文では、主語が何であっても動詞は like, have, go など原形を使う。　　（例）He doesn't play the piano.

（彼はピアノをひきません。）

P 6

単語確認 ①ball ②want ③study ④before ⑤seven ⑥climb ⑦mountain ⑧brother
⑨breakfast ⑩come ⑪great ⑫time

11 （1）want （ケンはこのボールをほしくないです。）
　（2）doesn't （彼は夕食前に勉強をしません。）
　（3）don't （彼女とエミはピアノをひきません。）
　（4）don't （私たちは野球をしません。）
　（5）doesn't （サキは英語を勉強しますか。いいえ、しません。）

12 （1）didn't （私は昨日7時に起きませんでした。）
　（2）didn't （彼女は昨年、山にのぼりませんでした。）
　（3）have （私の兄(弟)は昨日朝食をとりませんでした。）
　（4）come （田中さんは学校へ来ましたか。）
　（5）Did （あなたは昨日すばらしい時を過ごしましたか。）

11
（1）動詞は原形を用いて Ken doesn't want
（2）主語が He なので doesn't
（3）主語が2人以上なので don't
（4）主語が We なので don't
（5）Does Saki…? に対しては、
　　 Yes, she does. か No, she doesn't. で答える。

12
（1）I didn't get up →｜主語が何であっても didn't を用いる。
（2）She didn't climb
（3）My brother didn't have →｜動詞は原形を用いる。
（4）Did Mr.Tanaka come
（5）have a ... time = …な時を過ごす

P 7

単語確認 ①apple ②bag ③have ④toast ⑤milk ⑥girl ⑦subject ⑧soccer ⑨tennis
⑩book ⑪under ⑫desk

13 （1）apples （あなたはリンゴを何個持っていますか。）
　（2）How （このバッグはいくらですか。）
　（3）What （これは何ですか。それはレモンです。）
　（4）What （あなたは朝食に何をとりますか。）
　　　　　　（私はトーストとミルクをとります。）
　（5）Who （この少女はだれですか。彼女は私の姉(妹)です。）

14 （1）What （日本では何時ですか。）
　（2）What （彼は何の教科を勉強しますか。）
　（3）How （彼は何歳ですか。）
　（4）Which （あなたはサッカーとテニスのどちらをしますか。）
　（5）Where （私の本はどこですか。それは机の下です。）

13
（1）How many…? = どのくらい多くの、いくつの
（2）How much…? = …はいくらですか。
（3）（4）What = 何
（5）Who = だれ

14
（1）What time = 何時に
（2）What subject = 何の教科を
（3）How old = 何歳
（4）Which = どちら
（5）Where = どこに[で、へ]

P 8

単語確認 ①know ②about ③whose ④pen ⑤where ⑥America ⑦by ⑧station
⑨a few ⑩dictionary

15 （1）him （あなたは彼を知っていますか。）
　（2）her （私たちは彼女について知っています。）
　（3）mine （これはだれのペンですか。それは私のものです。）
　（4）yours （あのバッグはあなたのものですか。）
　（5）my （私のノートはどこですか。）

15
（1）him = 彼を
（2）her = 彼女を
（3）mine = 私のもの
（4）yours = あなたのもの、あなたたちのもの
（5）my = 私の

（1）They （トムとケンはどこですか。彼らはアメリカにいます。）

（2）Jane's （あれはだれのギターですか。それはジェーンのものです。）

（3）Our （私たちの学校はミドリ駅の近くです。）

（4）He （彼は数冊の本を持っています。）

（5）It （あなたの辞書はどこですか。それはバッグの中です。）

<代名詞>

	～は	～の	～を、に	～のもの	～たちは	～たちの	～たちを(に)	～たちのもの
私	I	my	me	mine	we	our	us	ours
あなた	you	your	you	yours	you	your	you	yours
彼	he	his	him	his	they	their	them	theirs
彼女	she	her	her	hers	they	their	them	theirs
それ	it	its	it	―	they	their	them	theirs
代名詞以外の例	Mike	Mike's	Mike	Mike's	boys	boys'	boys	boys'

16
（1）Tom and Ken＝They(彼らは)

（2）Jane's＝ジェーンのもの

（3）our＝私たちの

（4）動詞がhasなので主語は三人称単数
の He

（5）it＝それは

P 9

単語確認①drink ②water ③now ④swim ⑤talk ⑥about ⑦picture ⑧went ⑨library
⑩player ⑪enjoy ⑫read ⑬listen ⑭music ⑮finish ⑯fun

17 （1）drinking （彼は今、水を飲んでいます。）

（2）am （私は今、英語を勉強しています。）

（3）swimming （彼らは泳いでいます。）

（4）doing （あなたは何をしていますか。）

（5）talking （私たちは絵について話していません。）

18 （1）to read （彼女は本を読むために図書館へ行きました。）

（2）to be （私はサッカー選手になりたいです。）

（3）listening （私は音楽を聞いて楽しみました。）

（4）reading （マイクは本を読み終えました。）

（5）Playing （サッカーをすることはおもしろいです。）

17
（1）（2）（3）<現在進行形>
主語＋be 動詞＋…ing＝…している
（4）What ＋be 動詞＋主語＋ doing ?
　＝～は何をしていますか。
（5）主語＋be 動詞＋not＋…ing＝…していない

18
（1）to read＝読むために
（2）want to…＝…したい
（3）enjoy…ing＝…して楽しむ
（4）finish…ing＝…し終える
（5）Playing soccer＝サッカーをすること

P 10

単語確認①wonderful ②careful ③worry ④about ⑤visit ⑥help ⑦cold ⑧tomorrow
⑨have to ⑩speak ⑪show ⑫some

19 （1）How （なんてすばらしいのでしょう!）

（2）What （なんてよい歌なのでしょう!）

（3）Be （注意しなさい。）

（4）Don't （それについて心配しないで。）

（5）Let's （公園に行きましょう。）

20 （1）going （私はオーストラリアを訪れる予定です。）

（2）has （彼女は母親を手伝わなければなりません。）

（3）be （明日は寒くなるでしょう。）

（4）have to （彼は英語を話さなくてもよいです。）

（5）show （私はいくつかの写真を見せるつもりです。）

19
（1）How＋形容詞(副詞)!＝なんて…なのでしょう!
（2）What ＋ a ＋形容詞(副詞)＋(…)名詞 !
　＝なんて～な…なのでしょう!
（3）動詞の原形～＝…しなさい
（4）Don't…＝…してはいけない、…するな
（5）Let's…＝…しましょう

20
（1）be going to…＝…するつもりだ
（2）主語が she なので has to
　have to＝…しなければならない
（3）will＝…でしょう、…だろう
（4）動詞は原形を用いて He doesn't <u>have to</u>
（5）show＝…を見せる

単語確認①large ②movie ③popular ④than ⑤small ⑥fast ⑦love ⑧everyone ⑨these ⑩festival ⑪hold ⑫build

21	
（1）larger（イルカはマグロより大きいです。）	21
（2）more（この映画はあの映画よりも人気があります。）	（1）A is larger than B＝A は B より大きい
（3）smallest（この猫は4匹の中でいちばん小さいです。）	（2）A is more popular than B＝A は B より人気だ
（4）most（彼は日本でいちばん有名なサッカー選手です。）	（3）A is the smallest of B＝A は B の中でいちばん小さい
（5）fast（彼女はユウジと同じくらい速く泳ぎます。）	（4）A is the most famous…＝A はいちばん有名な…だ
	（5）as…as～＝～と同じくらい…

22	22
（1）made（これらのギターは日本で作られます。）	（1）be 動詞+過去分詞＝…される
（2）loved（その歌はみんなに愛されています。）	（2）by＝…によって
（3）written（これらの本は漱石によって書かれませんでした。）	（3）write「(…を)書く」の過去分詞＝written
（4）held（その祭りは毎年開かれます。）	（4）hold「…を開く」の過去分詞＝held
（5）built（いつあの学校は建てられましたか。）	（5）build「…を建てる」の過去分詞＝built

単語確認①just ②read ③e-mail ④yet ⑤never ⑥3回 ⑦ever ⑧hear ⑨busy ⑩known ⑪last month ⑫since ⑬for ⑭minute

＜現在完了形＞
主語 ＋ have,has ＋ 過去分詞～
＝…したことがあります、ちょうど…したところ
です、ずっと…しています。などの意味を表す。

23	23
（1）written（私はちょうど手紙を書いたところです。）	（2）yet＝まだ、今のところは
（2）yet（私はまだあなたの E メールを読んでいません。）	（3）never＝今までに一度も…しない
（3）never（私は今までに一度もニューヨークに行った	（4）have been to～＝…に行ったことがある
ことがありません。）	（5）hear「…を聞く」の過去分詞＝heard
（4）been（私は京都に3回行ったことがあります。）	24
（5）heard（あなたはこれまでに彼らについて聞いたこ	（1）for＝…の間
とがありますか。）	（2）How long…?＝どれくらい長く[長い]

24	
（1）for（私は5日間ずっと忙しいです。）	（3）since＝…(して)以来
（2）long（あなたはどのくらい長く日本にいますか。）	（4）（5）＜現在完了進行形＞ ある動作や行為が
（3）since（私は先月から彼女を知っています。）	ずっと続いていることを強調したい時に使う。
（4）reading（私は今朝からずっとこの本を読んでいます。）	主語+ have, has + been + …ing.
（5）playing（彼女は30分間ずっとピアノをひいています。）	＝ずっと…し(続け)ている。

単語確認①use ②computer ③people ④happy ⑤answer ⑥question ⑦rainy ⑧think ⑨interesting ⑩glad ⑪heard ⑫news

25	25
（1）how to（私はコンピュータの使い方を知りません。）	（1）how to＝…する方法、どう…するか
（2）makes（彼女は人々を幸せにします。）	（2）make＝(人・もの)を…の状態にする
（3）Let（あなたの質問に答えさせてください。）	（3）let+人+…＝(人に)…させる
（4）to read（私はあなたにその本を読んでほしいです。）	（4）want+人+to+動詞の原形
（5）help（私はあなたが英語を勉強するのを手伝います。）	＝(人に)…してほしい
	（5）help+人+動詞の原形
	＝(人が)…することを手伝う

26 （1）if （もし明日雨が降るなら、私は外出しないでしょう。）

（2）that （私は野球はおもしろいと思います。）

（3）when （私はそのニュースを聞いたとき、うれしかったです。）

（4）or （あなたは英語と日本語のどちらを話しますか。）

（5）but （私は数学が好きではありませんが、英語は好きです。）

26
（1）if＝もし…ならば
（2）I think that…＝私は…だと思います
（3）when＝…するときに
（4）A or B＝A かまたは B

P14

単語確認①boy ②by ③car ④language ⑤house ⑥ago ⑦tea ⑧meet ⑨wrote ⑩kind ⑪difficult ⑫read

27 （1）standing （車のそばに立っている男の子はジョンです。）

（2）singing （歌を歌っているあの女の子はだれですか。）

（3）used （アメリカで使われている言葉は英語です。）

（4）built （あれは 100 年前に建てられた家です。）

（5）too （このお茶は飲むには熱すぎます。）

28 （1）which （これは日本で人気の映画です。）

（2）who （私はあなたに会いたがっている友達がいます。）

（3）that （これは昨年彼女が書いた本です。）

（4）so （彼女はとても親切なので、私たちは彼女が好きです。）

（5）to read （私にとってこの本を読むことは難しいです。）

27
<現在分詞> A ＋ …ing ＋ 語句＝…しているA
（1）the boy standing by the car
　　＝車のそばに立っている男の子
（2）that girl singing a song
　　＝歌を歌っている女の子
<過去分詞> A ＋ 過去分詞 ＋ 語句
　　　　　　＝…される[された]A
（3）the language used in America
　　＝アメリカで使われている言語
（4）a house built 100 years ago
　　＝100 年前に建てられた家
（5）too…to〜＝〜するには…すぎる
28
（1）（2）（3）関係代名詞 下に記載
（4）so…that〜＝とても…なので〜だ
（5）It is…（for+（人））+to+動詞の原形
　　＝（（人）が）〜することは…です

<関係代名詞>

関係代名詞は 2 つの文を 1 つにつなぐはたらきがあります。

先行詞が人の場合は who か that を、先行詞が物や動物の場合は which か that を選びます。

（例）He is a boy. （彼は男の子です。） ＋ He can run fast. （彼は速く走ることができます。）

　　＝He is a boy who can run fast.（彼は速く走ることができる男の子です。）

　　That is the bus. （あれはバスです。） ＋ The bus goes to Kumamoto.（そのバスは熊本行きです。）

　　＝That is the bus which goes to Kumamoto.（あれは熊本行きのバスです。）

P15

| 1 | （1）by | （2）Thursday | （3）January | （4）brother's | （5）These |
| 2 | （1）member | （2）from | （3）pencils | （4）difficult | （5）usually |

P16

| 3 | （1）left | （2）right | （3）at | （4）listens | （5）can |
| 4 | （1）What | （2）When | （3）Where | （4）Which | （5）Whose |

P17

| 5 | （1）much | （2）Why | （3）visit | （4）before | （5）during |
| 6 | （1）many | （2）on | （3）by | （4）yesterday | （5）December |

| 7 | （1） want | （2） need | （3） under | （4） mine | （5） meet |
| 8 | （1） yours | （2） between | （3） around | （4） for | （5） then |

P 19

| 9 | （1） studied | （2） got | （3） took | （4） found | （5） went |
| 10 | （1） spent | （2） came | （3） waiting | （4） stayed | （5） looked |

P 20

| 11 | （1） bought | （2） had | （3） gave | （4） know | （5） show |
| 12 | （1） homework | （2） careful | （3） kind | （4） nothing | （5） should |

P 21

| 13 | （1） warm | （2） sunny | （3） rainy | （4） cloudy | （5） cold |
| 14 | （1） children | （2） tired | （3） because | （4） When | （5） if |

P 22

| 15 | （1） Which | （2） How | （3） think | （4） There | （5） often |
| 16 | （1） famous | （2） Playing | （3） listening | （4） singing | （5） finished |

P 23

| 17 | （1） enjoyed | （2） forget | （3） important | （4） stopped | （5） would |
| 18 | （1） larger | （2） popular | （3） better | （4） of | （5） beautiful |

P 24

| 19 | （1） studied | （2） written | （3） built | （4） washed | （5） sad |
| 20 | （1） surprised | （2） lived | （3） since | （4） been | （5） never |

P 25

単語確認①from ②these ③pen ④that ⑤my ⑥guitar

1 （1） Are you Tanaka Satoru？（あなたはタナカサトルですか。）

（2） I'm not from Okinawa.（私は沖縄出身ではありません。）

（3） These are pens.（これらはペンです。）

（4） They are from Canada.（彼らはカナダ出身です。）

（5） That's my guitar.（あれは私のギターです。）

（3） These「これらは」に合わせて
複数形の pens にする。

（4） 主語が They なので are

（5） That is は That's と省略できる。

P 26

単語確認①like ②math ③play ④piano ⑤live ⑥need ⑦teach

2 （1） I don't like math.（私は数学が好きではありません。）

（2） Do you play the piano？（あなたはピアノをひきますか。）

（3） She lives in America.（彼女はアメリカに住んでいます。）

（4） He doesn't need it.（彼はそれを必要としません。）

（5） Does Mr. Tanaka teach English？

（タナカさんは英語を教えますか。）

（1） 主語が I なので don't

（2） 主語が You なので Do you…?

（3） 主語が She なので lives

（4） 主語が He なので doesn't

（5） 主語が Mr.Tanaka なので、
Does Mr. Tanaka teach…?
動詞は原形を用いる。

単語確認①have ②question ③restaurant ④want ⑤new ⑥clothes ⑦five ⑧box
⑨tennis ⑩sometimes

3 （1）I have three questions.（私は質問が３つあります。）

（2）What is that？（あれは何ですか。）

（3）What do you want？（あなたは何がほしいですか。）

（4）How many boxes do you have？（あなたは箱を何個持っていますか。）

（5）She sometimes plays tennis.（彼女はときどきテニスをします。）

（1）three questions
（2）（3）What＝何
（4）How many＝いくつの
（5）主語＋ sometimes ＋動詞
＝ときどき…する

単語確認①grandmother ②my ③friend ④camera ⑤table ⑥practice ⑦student

4 （1）How old is your grandmother？（あなたの祖母は何歳ですか。）

（2）Who is Ken？（ケンはだれですか。）

（3）Where is her camera？（彼女のカメラはどこですか。）

（4）Practice soccer.（サッカーを練習しなさい。）

（5）Be a good student.（よい生徒でありなさい。）

（1）How old＝何歳
（2）Who＝だれ
（3）Where＝どこに
（4）（5）<命令文>
動詞の原形…＝…しなさい

単語確認①eraser ②work ③hard ④talk ⑤about ⑥history ⑦can ⑧climb

5 （1）Do you have any erasers？（あなたは消しゴムを何個か持っていますか。）

（2）He is working hard now.（彼は今、熱心に働いています。）

（3）Are you playing the piano？（あなたはピアノをひいていますか。）

（4）We are not talking about history.（私たちは歴史について話していません。）

（5）Can we climb Mt. Fuji？（私たちは富士山にのぼることができますか。）

（1）any＝[疑問文などで]
いくらかの
（3）be 動詞＋主語＋ …ing～？
＝…していますか。
（4）主語＋be 動詞＋ not ＋ …ing
＝…していません。

単語確認①start ②again ③watch ④go ⑤school ⑥come ⑦last Sunday ⑧3 年前

6 （1）She can start again.（彼女は再び始めることができます。）

（2）I watched TV yesterday.（私は昨日テレビを見ました。）

（3）Yuki went to school yesterday.（ユキは昨日、学校へ行きました。）

（4）He came to my house last Sunday.（彼は先週の日曜日、私の家へ来ました。）

（5）He wrote a book three years ago.（彼は３年前に本を書きました。）

（1）can「…することができる」
などの助動詞の後には、
動詞の原形を用いる。

単語確認①knew ②had ③breakfast ④this morning ⑤live ⑥spoke

7 （1）I didn't know her.（私は彼女を知りませんでした。）

（2）My brother didn't have breakfast this morning.（私の兄(弟)は今朝、朝食をとりませんでした。）

（3）Did they live in Japan？（彼らは日本に住んでいましたか。）

（4）Did your father speak Japanese？（あなたのお父さんは日本語を話しましたか。）

（5）Where are you from？（あなたはどちらの出身ですか。）

<一般動詞否定文の過去形> 主語 ＋didn't＋動詞の原形 （1）I didn't know （2）My brother didn't have
< 〃 疑問文の 〃 >Did＋主語＋動詞の原形…？ （3）Did they live…？ （4）Did your father speak…？

単語確認①friend ②these ③last week ④cold ⑤家で ⑥Saturday ⑦took ⑧picture

8 （1）Mike was my friend.（マイクは私の友達でした。）

（2）These pens weren't 300 yen last week.（これらのペンは先週300円ではありませんでした。）

（3）Yes, it was.（昨日は寒かったですか。はい、そうでした。）

（4）No, we weren't.（あなたたちは先週の土曜日、家にいましたか。いいえ、いませんでした。）

（5）Where did she take these pictures？（彼女はこれらの写真をどこで撮りましたか。）

（3）Was it…?に対しては Yes, it was.か No, it wasn't.で答える。

（4）ここでの you は「あなたたち」なので、Were you…?に対して Yes, we were.か No, we weren't.で答える。

（5）場所をたずねるには Where「どこで」を用いる。

単語確認①with ②eat ③dinner ④then ⑤wait ⑥visit

9 （1）I was playing baseball with my brother.（私は私の兄(弟)といっしょに野球をしていました。）

（2）My sister wasn't eating dinner then.（私の姉(妹)はそのとき夕食を食べていませんでした。）

（3）Were you waiting for Emi？（あなたはエミを待っていましたか。）

（4）I am going to visit America.（私はアメリカを訪れるつもりです。）

（5）Are they going to play soccer？（彼らはサッカーをするつもりですか。）

（1）<過去進行形> was, were + …ing＝(過去のある時点で)…していた

（5）be going to＝…するつもりだ

単語確認①leave ②take ③umbrella ④make ⑤lunch ⑥many ⑦people ⑧learn

10 （1）I have to leave home at seven.（私は7時に家を出なければならない。）

（2）You should take an umbrella with you.（あなたは傘を持っていくべきです。）

（3）I will make lunch tomorrow.（私は明日昼食を作るつもりです。）

（4）English is learned by many people.（英語は多くの人々によって学ばれます。）

（5）These books were given me by Taro.（これらの本はタロウによって私に与えられました。）

（1）（2）（3）have to「…しなければならない」、should「…すべきである」、will「…するつもりだ」などの助動詞の後には、動詞の原形を用いる。　　（4）（5）be動詞+過去分詞＝…される　　by=…によって

単語確認①still ②長い間 ③homework ④clean ⑤classroom ⑥just

11 （1）She has been a teacher for four years.（彼女は4年間ずっと教師です。）

（2）Yes, he has.（彼は長い間ずっとピアノをひいていますか。はい、そうです。）

（3）He has been to America.（彼はアメリカに行ったことがあります。）

（4）I have been doing my homework for two hours.（私は2時間ずっと宿題をし続けています。）

（5）We have just cleaned our classroom.（私たちはちょうど教室をそうじしたところです。）

（1）現在完了「ずっと…だ。」　　（2）Has he…? に対しては Yes, he has. か No, he hasn't. で答える。

（3）現在完了「…したことがある。」　　（4）現在完了進行形「ずっと…し続けている。」

（5）現在完了「ちょうど…したところだ。」　　just＝ちょうど、たった今

P 36

単語確認①finish ②homework ③yet ④heard ⑤difficult ⑥train

12 （1）I haven't finished my homework yet.（私はまだ宿題を終えていません。）

（2）I have never heard of them.（私はそれらのことを一度も聞いたことがありません。）

（3）Have you ever been to Kyoto？（あなたはこれまでに京都に行ったことがありますか。）

（4）It is difficult for Ben to speak English.（ベンにとって英語を話すことは難しいです。）

（5）That is a train which（that）goes to Kumamoto.（あれは熊本へ行く電車です。）

（2）never＝今までに一度も…しない　hear of＝…について聞く　　（3）ever＝今まで、かつて
（4）It is…（for+（人））＋ to ＋動詞の原形＝（（人）が）〜することは…です　（5）関係代名詞 which（that）

P 37

単語確認①often ②buy ③daughter ④junior high school ⑤yesterday ⑥early ⑦wear ⑧T-shirt

1 （1）I often buy books.

（2）My daughter is in junior high school.

（3）I was at home yesterday.

（4）I got to school early this morning.

（5）I didn't wear the T-shirt yesterday.

（1）主語＋ often ＋動詞
　　　＝〜はしばしば…する
（3）at home＝家で[に]
（4）got to＝get to「…に着く、到着する」の過去形

P 38

単語確認①borrow ②when ③dictionary ④color ⑤what ⑥speak ⑦which ⑧bathroom ⑨where ⑩umbrella ⑪whose

2 （1）When did you borrow his dictionary？

（2）What color do you like？

（3）Which does he speak, English or Japanese？

（4）Where is the bathroom？

（5）Whose umbrella is that？

＜いろいろな疑問詞＞

what＝何	who＝だれ
when＝いつ	whose＝だれの
where＝どこに	why＝なぜ
which＝どちら	how＝どうやって

P 39

単語確認①walk ②street ③zoo ④cut ⑤vegetable ⑥then ⑦post office ⑧near ⑨under

3 （1）They are walking on the street now.

（2）I am looking for Higashi Zoo.

（3）I was cutting vegetables then.

（4）There is a post office near my house.

（5）There was a dog under the tree.

（2）look for＝…をさがす
（4）There is, are＝…がある、いる
　　　near＝…の近くに
（5）There was, were＝…があった、いた
　　　under＝…の下に

P 40

単語確認①dance ②well ③buy ④ticket ⑤show ⑥must ⑦clean ⑧classroom

4 （1）He cannot dance well.

（2）Jane is going to buy the ticket.

（3）We will show you a picture tomorrow.

（4）You must clean your classroom.

（5）May I turn on the TV？

（1）cannot＝…できない
（2）be going to＝…するつもりだ
（3）will＝…するつもりだ
（4）must＝…しなければならない
（5）May I …?＝…してもよいですか。
　　　turn on＝（スイッチ）を入れる、つける

P 41

単語確認①went ②river ③swim ④a lot of ⑤thing ⑥easy ⑦become ⑧future ⑨should ⑩hospital

5 （1）We went to the river to swim.
　　（2）He has a lot of things to do.
　　（3）To speak English is not easy.
　　（4）I want to become a teacher in the future.
　　（5）You should go to hospital.

（1）to swim＝泳ぐために
（2）to do＝するべき
（3）to speak＝話すこと
（4）want to＝…したい　　in the future＝未来に、将来に
（5）should＝…すべきである

P 42

単語確認①because ②rain ③if ④sunny ⑤basketball ⑥think ⑦building ⑧old ⑨sure ⑩help ⑪when ⑫busy

6 （1）I closed the window because it was raining.
　　（2）If it is sunny tomorrow, we will play basketball.
　　（3）I think that the building is old.
　　（4）I am sure that they will be happy.
　　（5）I will help you when you are busy.

（1）because＝…だから、…なので
（2）if＝もし…ならば
（3）I think (that)…＝私は…だと思います。
（4）I'm sure (that)…＝私は…だと確信しています。
（5）when＝…するときに

P 43

単語確認①love ②people ③town ④door ⑤festival ⑥held ⑦wash ⑧car ⑨finish ⑩watch ⑪baseball ⑫fun

7 （1）The park is loved by people in the town.
　　（2）The door was not opened.
　　（3）The festival will be held next week.
　　（4）My father finished washing his car.
　　（5）Watching baseball is fun.

（2）主語＋was, were＋not＋過去分詞
　　　＝〜は…されませんでした
（3）主語＋will＋be＋過去分詞
　　　＝〜は…されるでしょう
（4）finish …ing＝…し終える
（5）…ing＝…すること
　　watching baseball＝野球を見ること

P 44

単語確認①people ②help ③happy ④homework ⑤present

8 （1）People call it Big Ben.
　　（2）I wanted my sister to help me.
　　（3）I want to make people happy.
　　（4）I will help you do your homework.
　　（5）I gave him a present.

（1）call＋…＋〜＝…を〜と呼ぶ
（2）want＋(人)＋to＋動詞の原形＝(人)に…してほしい
（3）make＋(人・もの)＋…＝(人・もの)を…の状態にする
（4）help＋(人)＋動詞の原形＝(人)が…するのを手伝う
（5）give＋(人)＋…＝(人)に…を与える

P 45

単語確認①problem ②important ③bike ④hers ⑤interesting ⑥subject ⑦all

9 （1）This problem is more important than that one.
　　（2）My bike is as new as hers.
　　（3）Shall I show you a smaller one ?
　　（4）English is the most interesting subject for me.
　　（5）This apple is the biggest of all.

（1）that one＝[前に出てきた名詞(This problem)の かわりとして]あの問題
（2）hers＝彼女のもの
（3）Shall I (we)…?＝…しましょうか。
（5）the biggest of all＝全ての中でいちばん大きい

合格・英語解答

P 46

単語確認①since ②child ③ever ④learn ⑤use ⑥computer ⑦important

10（1）I have played tennis since I was a child.

（2）Have you ever been to America ?

（3）I have been studying for two hours.

（4）I learned how to use a computer.

（5）It is important for us to read books.

（1）主語 ＋ have,has ＋ 過去分詞～
　　＝…したことがあります、ちょうど…したところです、
　　ずっと…しています。

（2）Have you ever been to… ?
　　＝あなたはこれまでに…に行ったことがありますか。

（3）主語＋ have, has ＋ been ＋ …ing.
　　＝ずっと…し（続け）ている。

（4）how to ＝…する方法

（5）It is …(for+(人)) ＋ to ＋動詞の原形
　　＝((人)が)～することは…です

P 47

単語確認①woman ②talk ③over there ④bought ⑤written ⑥food ⑦delicious ⑧beautiful ⑨kind ⑩everyone ⑪tired

11（1）Do you know the woman talking over there ?

（2）I bought a book written in English.

（3）Japanese food is not only delicious but also beautiful.

（4）She is so kind that everyone likes her.

（5）I was too tired to run.

（1）A+…ing ＋ 語句 ＝…している A
　　the woman talking over there
　　＝向こうで話している女性

（2）A+過去分詞 ＋ 語句 ＝…された A
　　a book written in English＝英語で書かれた本

（3）not only … but (also)～＝…だけでなく～もまた

（4）so…that～＝とても…なので～だ

（5）too…to～＝～するには…すぎる

P 48

単語確認①man ②travel ③around ④world ⑤e-mail ⑥sent ⑦call ⑧fly ⑨like ⑩bird

12（1）That is the bus which goes to Kumamoto.

（2）He is a man who travels around the world.

（3）This is an e-mail that I sent him last month.

（4）If I were you, I would call Mike.

（5）I wish I could fly like a bird.

（1）関係代名詞 which

（2）関係代名詞 who

（3）関係代名詞 that

（4）仮定法 もし(―が)…であれば、～だろう(に)

（5）仮定法 （～が)…であればよいのに

<仮定法>

仮定法は、現実には起こらないと思っている願望を表すときに使われます。

[If を使う表現] If ＋主語+動詞の過去形, 主語+(would/could)+動詞の原形
　　　　＝もし(―が)…であれば、～だろう(に)

（例）If I had a rocket, I would fry to the moon.(もし私がロケットを持っていたら、月に飛んで行くのに。)

　　　If I*were you, I would eat breakfast.(もし私があなたなら、朝食を食べるでしょう。)

[wish を使う表現] 主語+ wish ＋ (that)+主語+(助)動詞の過去形＝(～が)…であればよいのに

　　　I wish I could swim like a dolphin.(イルカのように泳ぐことができたらよいのに。)

　　　I wish John*were here.(ジョンがここにいればよいのに。)

　　　※be動詞を使う場合は主語が何であっても were を使うことが多い。

合格・英語解答

埼玉県　令和７年　高校入試
合格できる　英語

定価　693円（本体630円＋税 10%）
製作・発行／熊本ネット株式会社
　　　　　　〒860-0834 熊本市南区江越2丁目7番5号
　　　　　　TEL 096-370-0771(代)
　　　　　　FAX 096-370-0348
お問い合わせ／ホームページ　https//www.goukaku-dekiru.com
　　　　　　メールアドレス　goukakudekiru@kumamoto-net.com

客注

書店ＣＤ： 187280　　　27

コメント： 6037

受注日付： 241202

受注Ｎｏ： 111623

ＩＳＢＮ： 9784815329488

　　　　　　　　　1／1

　　　　　　12　　　ココからはがして下さい

ISBN978-4-8153-2948-8
C6037 ¥630E

定価　693円
（本体　630円＋税　10%）